Male für jede Seite, die du bearbeitet hast,
einen Stern aus!

Viel Freude!

T

S

I

A

M

O

P

Anlaute zuordnen

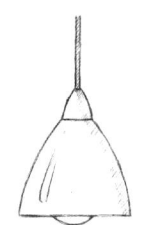

F

N

B

L

Sch

Qu

E

A

D

G

H

K

R

U

V

Anlaute zuordnen

© sternchenverlag GmbH

Rose

Hose

Möwe

Hase

Name

Nase

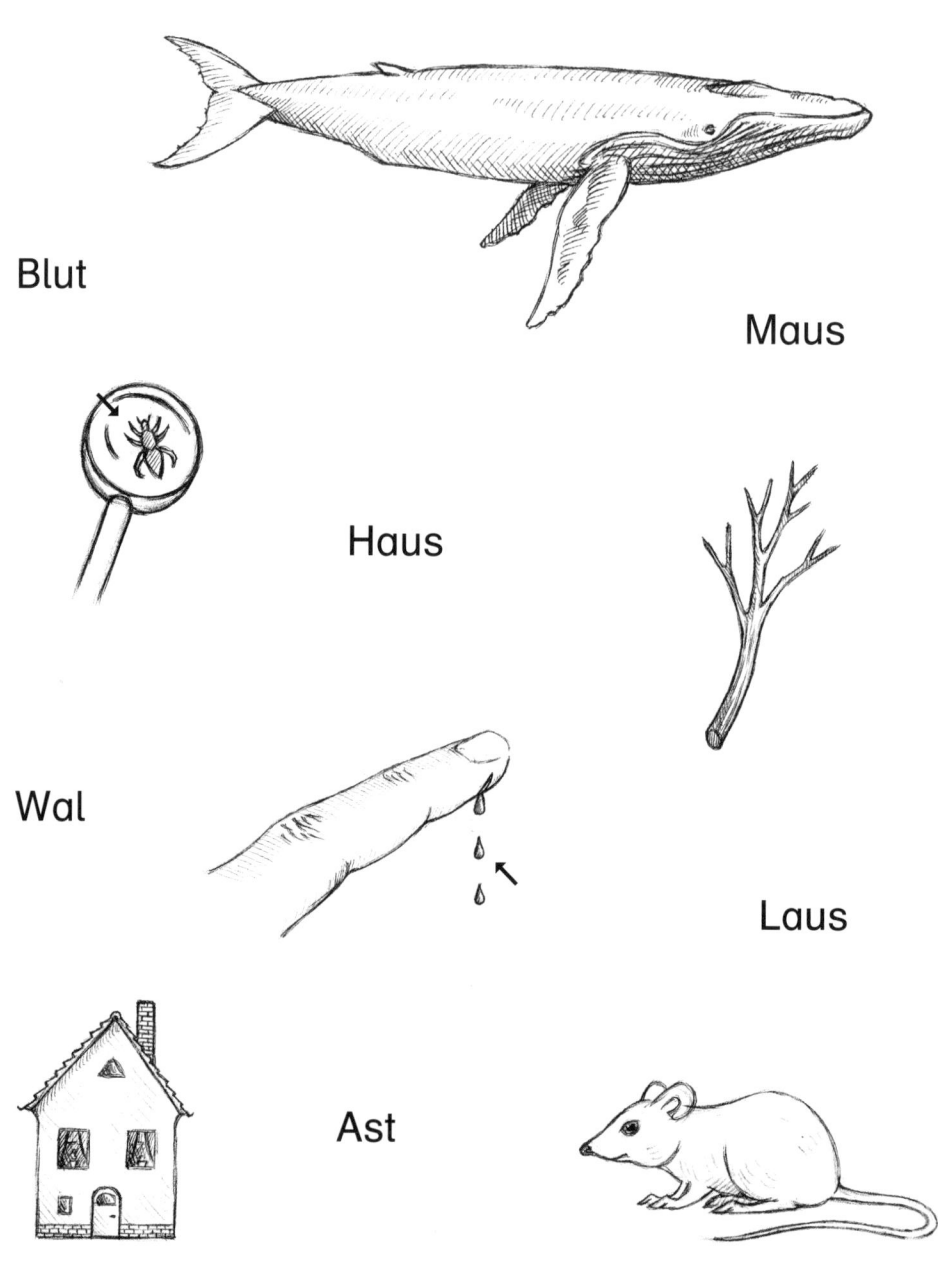

Blut

Maus

Haus

Wal

Laus

Ast

Lautgetreue, einsilbige Wörter lesen und verbinden

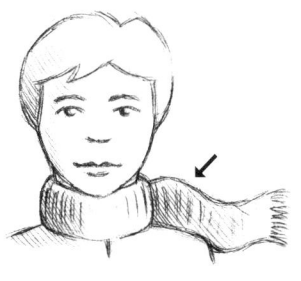

Eis

Schal

Brot

Schaf

Baum

Hut

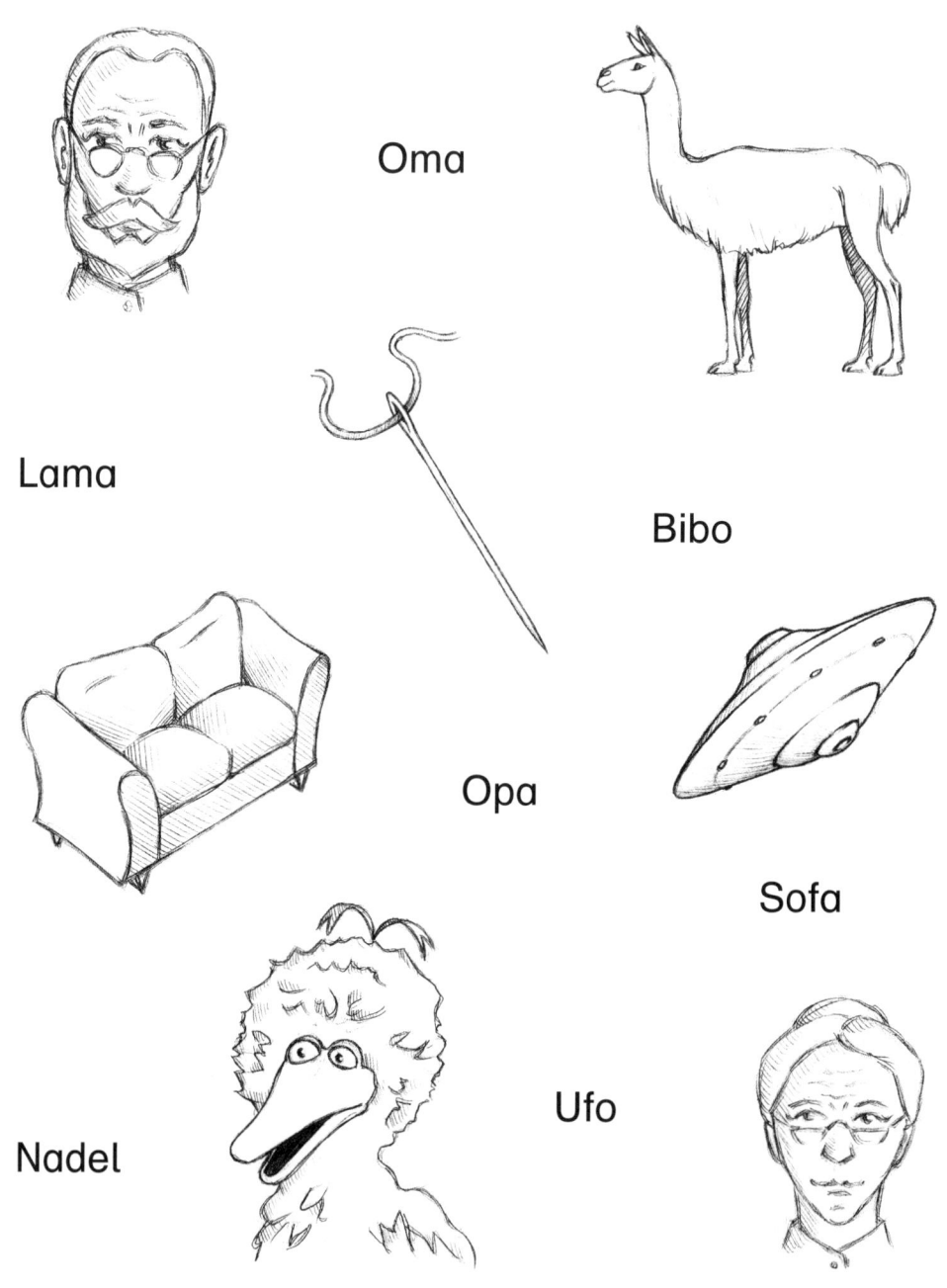

Oma

Lama

Bibo

Opa

Sofa

Nadel

Ufo

Lautgetreue, zweisilbige Wörter lesen und verbinden

© sternchenverlag GmbH

Salat

Kamel

Papa

Nagel

Kanu

Uhu

Pirat

Foto

Kamin

Regal

Dino

Kamel

Kino

Kiwi

Lautgetreue, zweisilbige Wörter lesen und verbinden

© sternchenverlag GmbH

Ente

Esel

Baum

Blatt

Blume

Dose

Ball

Mond

Kurze Wörter lesen und malen

rot

grün

gelb

blau

rosa

lila

braun

schwarz

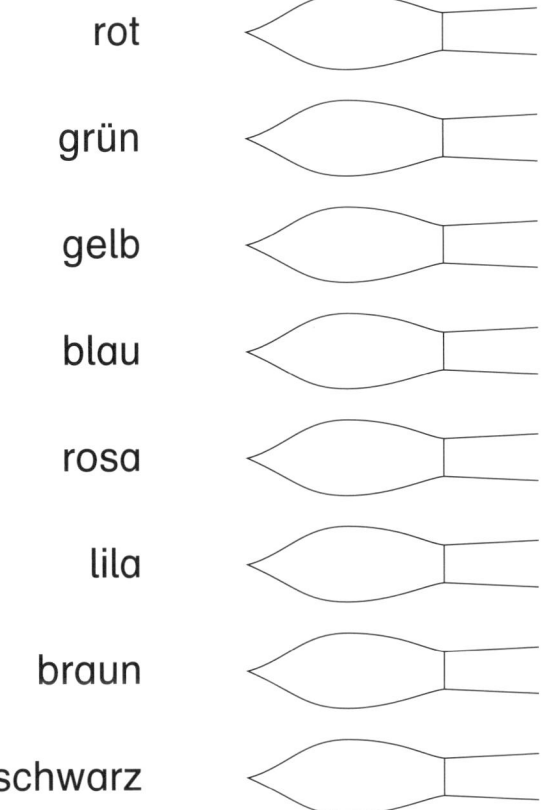

bunt

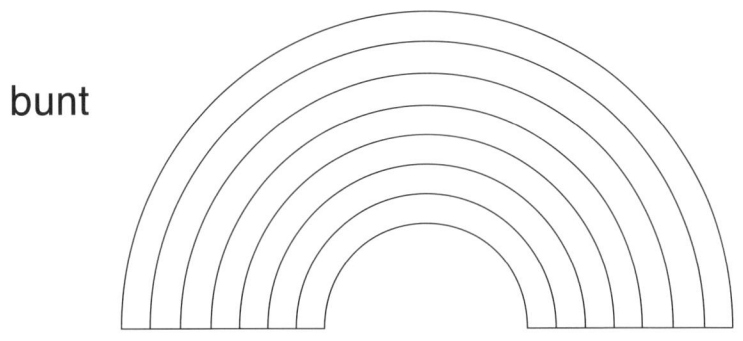

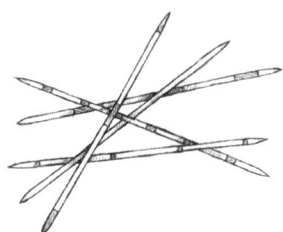

Domino

Tomate

Radio

Salami

Rakete

Banane

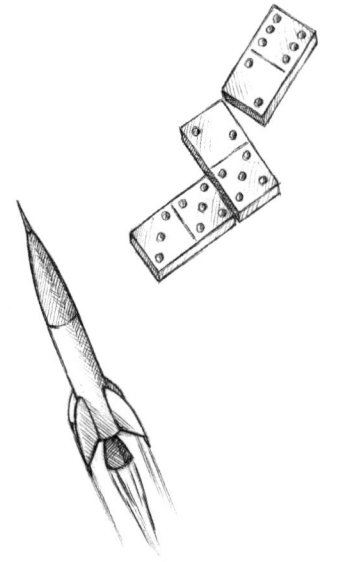

Ananas

Automat

Telefon

Mikado

Dreisilbige Wörter lesen und verbinden

Papierdrache

Schokolade

Fallschirmspringer

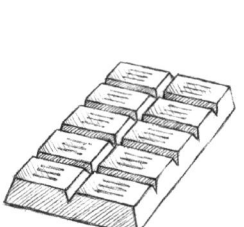

Marmelade

Fußballspieler

Pudelmütze

Manteltasche

Kaminfeuer

grünes Gras

eine gelbe Sonne

blaue Fische

ein grauer Esel

ein roter Mantel

ein brauner Eimer

Lesen und malen

Tüte ☐

Tuba ☐

Tinte ☐

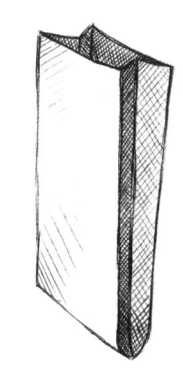

Ente ☐

Esel ☐

Elefant ☐

Kirsche ☐

Kastanie ☐

Kinder ☐

Das ist im Korb:

	ja	nein
Kiwi	☐	☐
Pflaume	☐	☐
Birne	☐	☐
Banane	☐	☐
Tasse	☐	☐
Apfel	☐	☐
Zitrone	☐	☐
Ball	☐	☐
Kirsche	☐	☐
Hose	☐	☐

Das ist ein Affe.

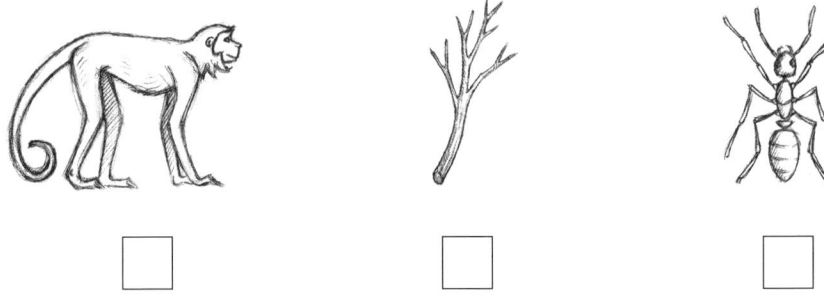

☐ ☐ ☐

Das ist ein Fisch.

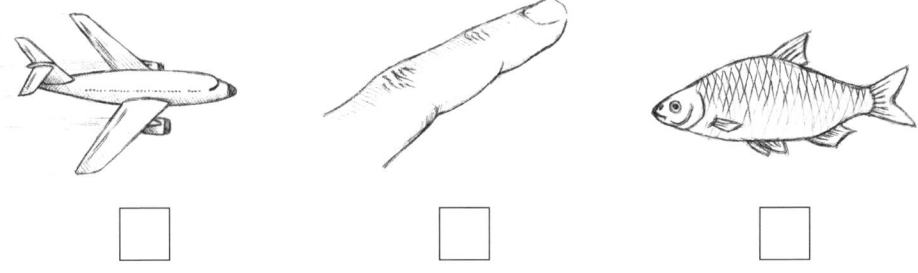

☐ ☐ ☐

Das ist eine Mütze.

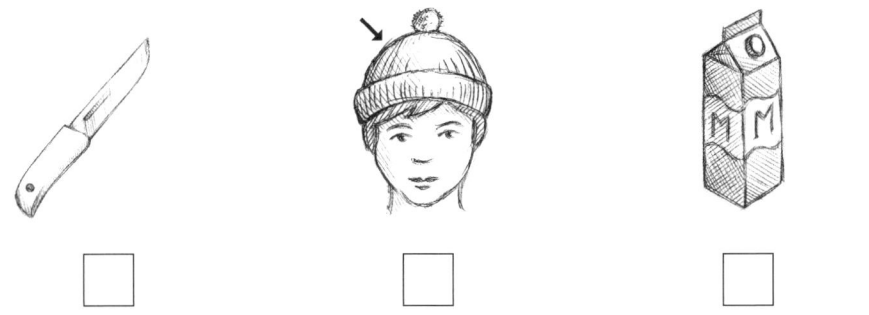

☐ ☐ ☐

Eine Ente am See

Ein Hund am Zaun

Ein Zelt im Garten

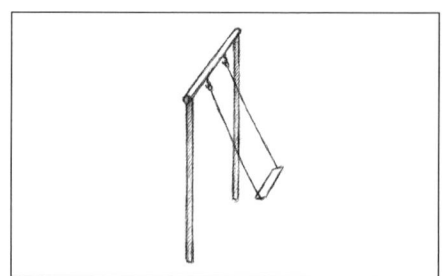

Ein Kind auf der Schaukel

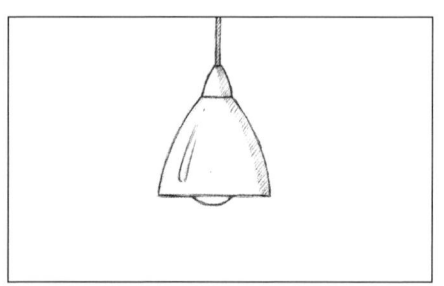

Die Lampe ist an.

Ein Teller mit Nudeln

Male in die richtige Schale!

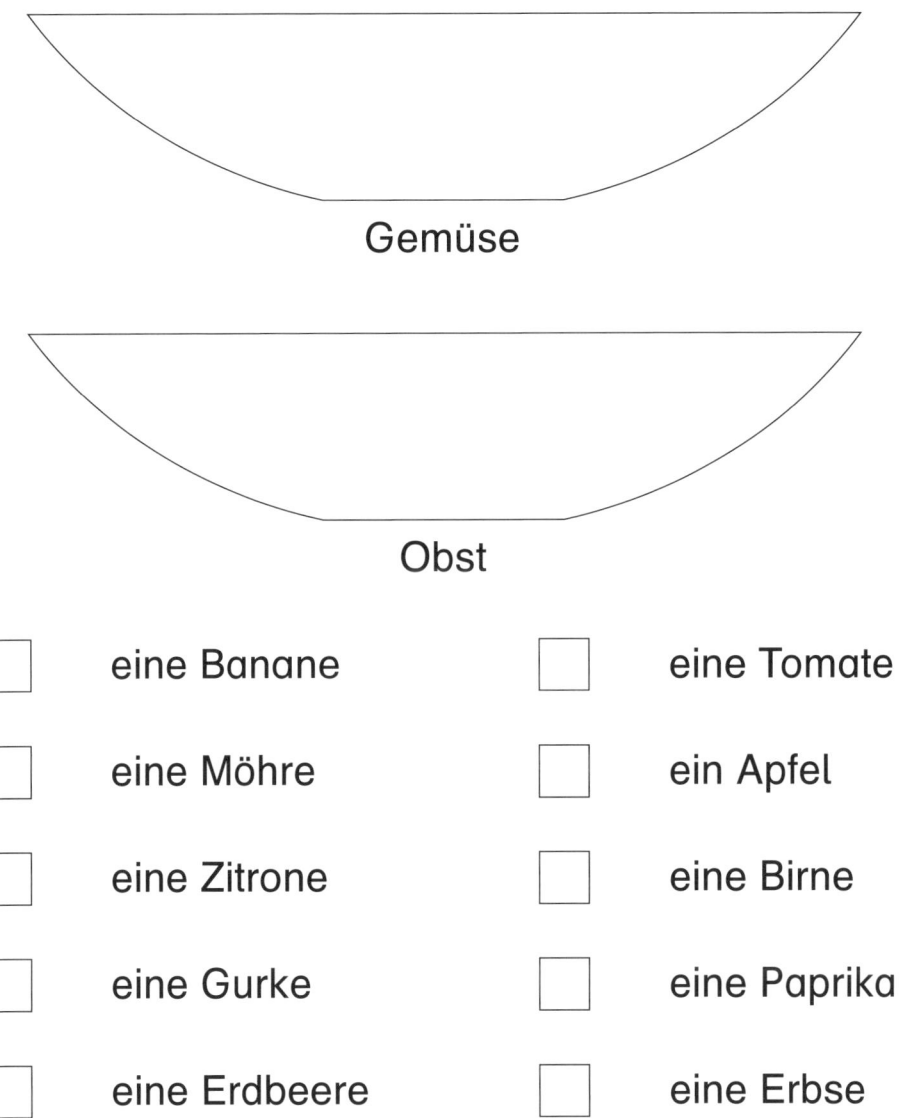

Gemüse

Obst

☐ eine Banane	☐ eine Tomate
☐ eine Möhre	☐ ein Apfel
☐ eine Zitrone	☐ eine Birne
☐ eine Gurke	☐ eine Paprika
☐ eine Erdbeere	☐ eine Erbse

ein   eine

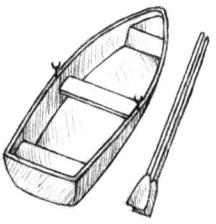
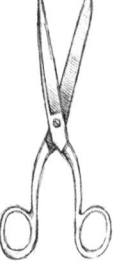

Unbestimmte Artikel zuordnen

Apfelsine

Knopf

Apfel

Dampfer

Topf

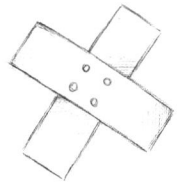

Pflaume

Pfote

Zopf

Pflaster

Zapfen

Der Ball liegt vor
dem Haus.

Der Ball liegt rechts
neben dem Haus.

Der Ball liegt auf
dem Haus.

Der Ball fliegt über
das Haus.

Präpositionen erfassen und malen

Kannst du …

	ja	nein
ein Ei kochen?	☐	☐
einen Handstand machen?	☐	☐
ein Haus kaufen?	☐	☐
eine Blume malen?	☐	☐
deinen Namen schreiben?	☐	☐
deinen Papa tragen?	☐	☐
auf einem Bein stehen?	☐	☐
leise sein?	☐	☐
auf den Mond fliegen?	☐	☐
einen Purzelbaum machen?	☐	☐

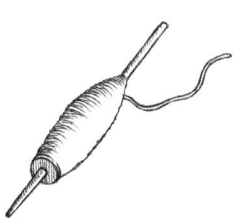

Spargel

Spardose

Sprudel

Spiegel

Spindel

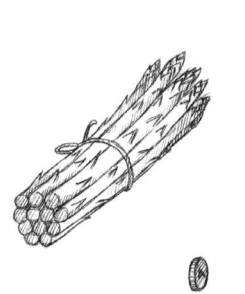

Spur

Gespenst

Spitz

Spaten

Sportler

Spule

Spinat

Phonogramme Sp und sp · ausgesprochen wie schp

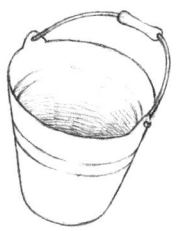

Ei

Leiter

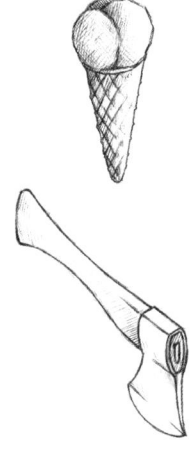

Beil

Papagei

Eimer

Ameise

Eichel

Edelweiß

Eisbär

Eis

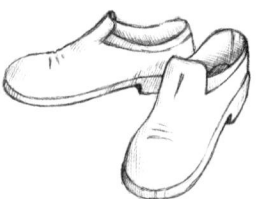

Schal

Flasche

Geschenk

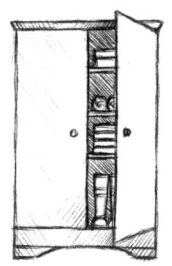

Schwan

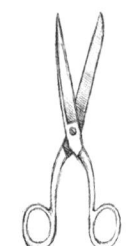

Schrank

Schere

Frosch

Schokolade

Muschel

Schuhe

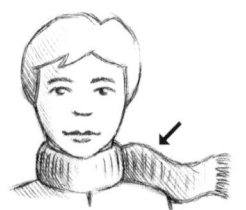

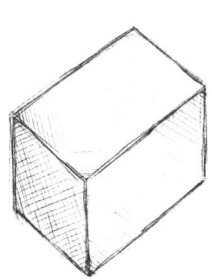

Qualle

Quast

Quirl

Qualm

Quadrat

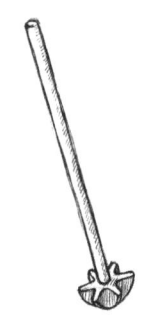

Quartett

Quark

Quader

Geister

Muster

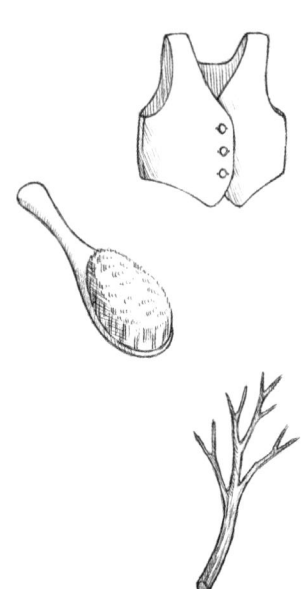

Fenster

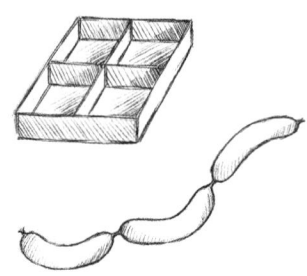

Förster

Schwester

Hamster

Würste

Weste

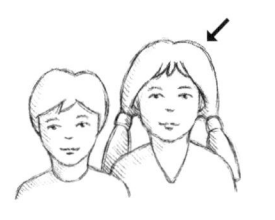

Kasten

Ast

Elster

Bürste

ein

eine

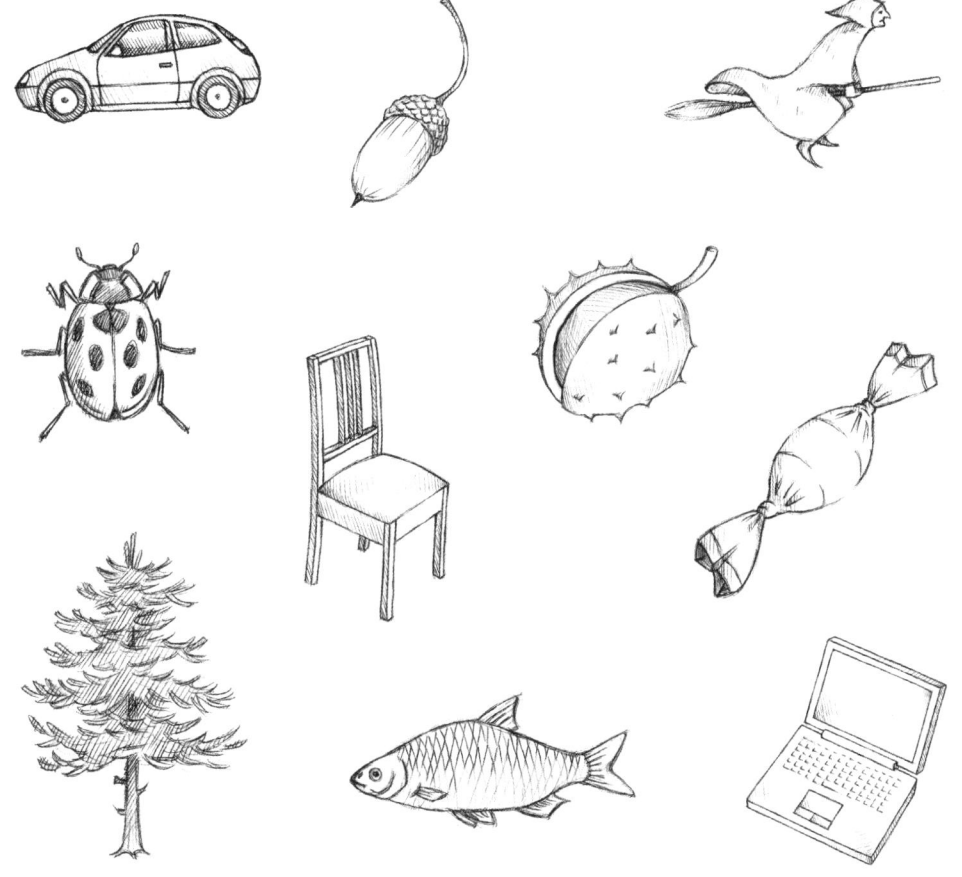

der	die	das

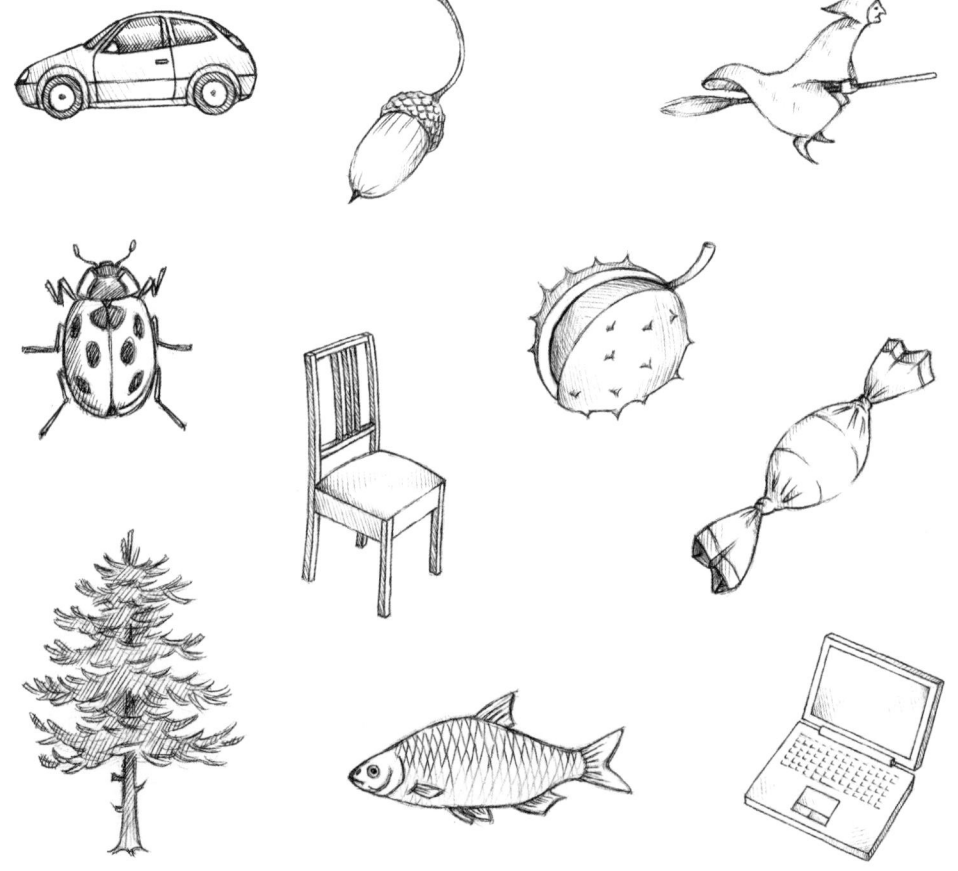

Bestimmte Artikel zuordnen

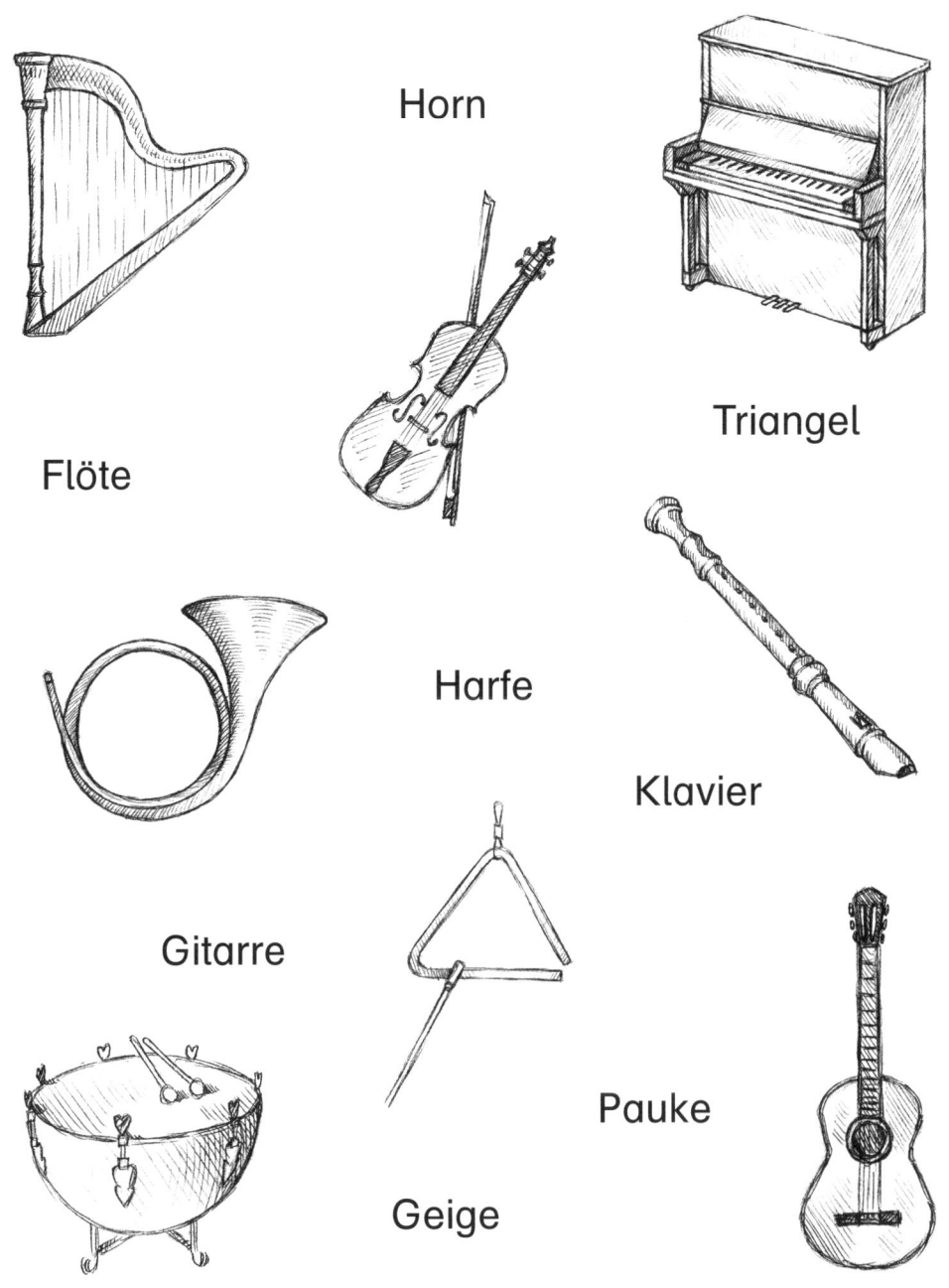

Horn

Flöte

Triangel

Harfe

Klavier

Gitarre

Pauke

Geige

Was passt?

der	☐	Schuh
der	☐	Lutscher
das	☐	Sofa
der	☐	Wald
der	☐	Igel
das	☐	Haus

1	klebrige	4	große
2	stachelige	5	weiche
3	dunkle	6	schmutzige

Ich heiße _____ .

Ich bin ☐ Jahre alt.

Ich wohne in _____ .

Meine Telefonnummer ist _____ .

Meine Mama heißt _____ .

Mein Papa heißt _____ .

Ich habe eine Schwester/Schwestern.

ja ☐   nein ☐

Ich habe einen Bruder/Brüder.

ja ☐   nein ☐

Ich habe sie alle sehr lieb.

Im Winter ist es ☐ warm ☐ kalt.

Am Tag scheint ☐ der Mond ☐ die Sonne.

Meine Oma hat ☐ vier ☐ zwei Beine.

Ein Fisch hat ☐ Fell ☐ Schuppen.

Ein Käfer hat ☐ vier ☐ sechs Beine.

Eine Blume kann ☐ fliegen ☐ welken.

In den Ferien haben wir ☐ Schule ☐ frei.

Das ist Kati.
Sie trägt einen roten Pulli
und einen gelben Rock.
Um ihren Hals trägt sie
eine Perlenkette.

Das ist Kai.
Er trägt eine braune Hose
und ein grünes Hemd.
Er hat auch einen Gürtel um.

Kai und Kati
haben drei Kinder.
Sie halten sich
an den Händen.

Male deine Familie!
Schreibe die Namen dazu!

Male ein Haus!
Das Dach ist rot.
Die Fenster sind grün.
Die Tür ist schwarz.
Ein Vogel sitzt auf dem Dach.
Die Sonne scheint.

☐ Sage einem Kind, dass du es nett findest!

☐ Mache drei Kniebeugen!

☐ Mache die Augen zu und zähle bis zehn!

☐ Stampfe dreimal mit dem Fuß!

☐ Stelle dich auf die Zehenspitzen!

☐ Zähle die Fenster in diesem Raum!

☐ Schreibe deinen Namen an die Tafel!

	oben	unten
Hexe	☐	☐
Auto	☐	☐
Tanne	☐	☐
Papierdrache	☐	☐
Sonne	☐	☐
Haus	☐	☐

	links	rechts
Maus	☐	☐
Cola	☐	☐
Fenster	☐	☐
Spielautomat	☐	☐
Bild	☐	☐
Tisch	☐	☐

Zuordnung rechts/links anhand eines Suchbildes

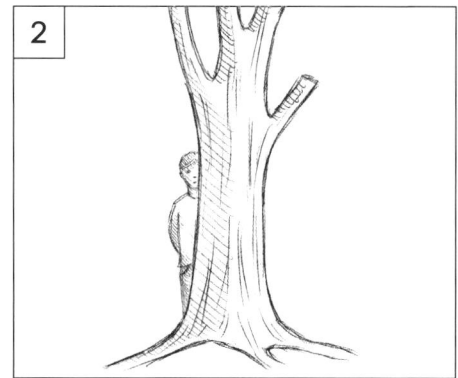

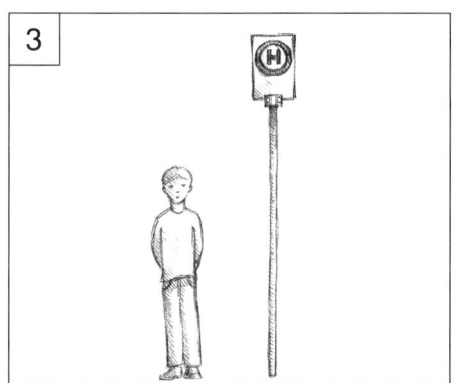

☐ Peter wartet auf den Bus.

☐ Peter steht auf einem Tisch.

☐ Peter träumt vom Sommer.

☐ Peter steht hinter dem Baum.

☐ Zähle leise bis zehn!

☐ Klatsche dreimal in die Hände!

☐ Schüttle den Kopf hin und her!

☐ Gib deiner Lehrerin die Hand!

☐ Halte einen Bleistift hoch!

☐ Lege einen Finger auf den Mund!

☐ Putze die Nase!

☐ Lege die Hände auf den Rücken!

Male alle Dreiecke rot aus!
Male die Quadrate blau aus!
Male alle Kreise gelb aus!
Male die Rechtecke grün aus!

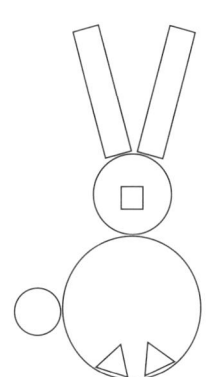

Der Hahn   vergräbt einen Knochen.

Die Biene   watschelt ins Wasser.

Der Hund   kräht auf dem Mist.

Die Ente   summt um die Blüte.

Das Pferd   pickt die Körner auf.

Der Hase   steht auf der Wiese.

Das Huhn   knabbert an der Möhre.

Die Kuh   galoppiert auf der Koppel.

Ein Igel ...

	ja	nein
hat Stacheln.	☐	☐
frisst Würmer.	☐	☐
hat drei Augen.	☐	☐
macht Winterschlaf.	☐	☐
lebt im Haus.	☐	☐
trinkt gern Cola.	☐	☐
kann sich einrollen.	☐	☐
wird leider oft überfahren.	☐	☐
braucht Spielzeug.	☐	☐

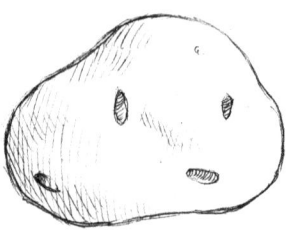
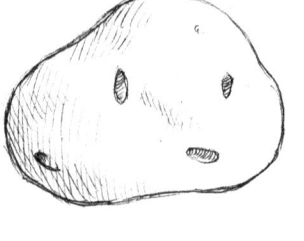

Strick

Stoppschild

Stecker

Stein

Stock

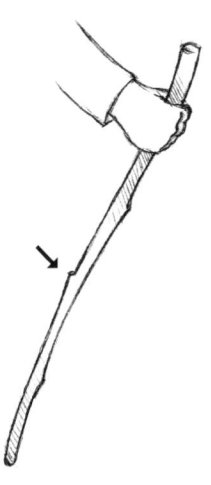

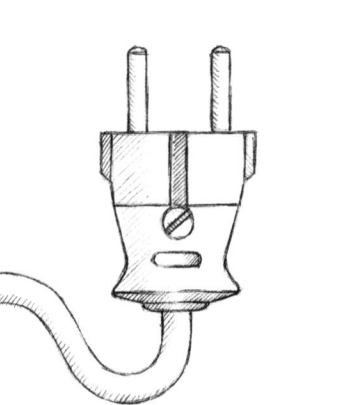

Stern

Phonogramm St · ausgesprochen wie scht